W0263909

essentials liefern aktuelles Wissen in konzentrierter Form. Die Essenz dessen, worauf es als „State-of-the-Art" in der gegenwärtigen Fachdiskussion oder in der Praxis ankommt. *essentials* informieren schnell, unkompliziert und verständlich

- als Einführung in ein aktuelles Thema aus Ihrem Fachgebiet
- als Einstieg in ein für Sie noch unbekanntes Themenfeld
- als Einblick, um zum Thema mitreden zu können

Die Bücher in elektronischer und gedruckter Form bringen das Expertenwissen von Springer-Fachautoren kompakt zur Darstellung. Sie sind besonders für die Nutzung als eBook auf Tablet-PCs, eBook-Readern und Smartphones geeignet. *essentials:* Wissensbausteine aus den Wirtschafts-, Sozial- und Geisteswissenschaften, aus Technik und Naturwissenschaften sowie aus Medizin, Psychologie und Gesundheitsberufen. Von renommierten Autoren aller Springer-Verlagsmarken.

Weitere Bände in dieser Reihe http://www.springer.com/series/13088

Andreas Braun · Gordon Müller-Seitz

Innovationsmanagement in der Spitzengastronomie

Ein Überblick über die Sterneküche aus managementorientierter Perspektive

Andreas Braun
BSP Business School Berlin
Berlin, Deutschland

Gordon Müller-Seitz
Technische Universität Kaiserslautern
Kaiserslautern, Deutschland

ISSN 2197-6708   ISSN 2197-6716   (electronic)
essentials
ISBN 978-3-658-18297-7   ISBN 978-3-658-18298-4   (eBook)
DOI 10.1007/978-3-658-18298-4

Die Deutsche Nationalbibliothek verzeichnet diese Publikation in der Deutschen Nationalbibliografie; detaillierte bibliografische Daten sind im Internet über http://dnb.d-nb.de abrufbar.

Springer Gabler
© Springer Fachmedien Wiesbaden GmbH 2017

Gedruckt auf säurefreiem und chlorfrei gebleichtem Papier

Springer Gabler ist Teil von Springer Nature
Die eingetragene Gesellschaft ist Springer Fachmedien Wiesbaden GmbH
Die Anschrift der Gesellschaft ist: Abraham-Lincoln-Str. 46, 65189 Wiesbaden, Germany

Vorwort

Wir sind beide vom Themenfeld Innovation fasziniert. Grund hierfür ist natürlich dessen betriebswirtschaftliche Relevanz, aber auch dessen Facettenreichtum. Wir sind beeindruckt von den unterschiedlichen Kontexten, Perspektiven und Ansatzpunkten, sich diesem Thema zu nähern. Einen aus unserer Sicht besonders reizvollen Untersuchungskontext stellt die Sternegastronomie dar. Zwar existieren zu diesem Themenbereich bereits einige Studien, aber nur wenige beschäftigen sich explizit mit dem hier gewählten Managementfokus. Die Vorarbeit für die vorliegende Studie basiert in weiten Teilen auf der Dissertation von Andreas Braun sowie einem später gemeinsam erstellten Konferenzbeitrag von uns beiden in Kooperation mit Christoph Ihl von der TU Hamburg-Harburg. Anders als in der gemeinsamen Publikation richten wir uns jedoch in diesem Beitrag auf Managementfragestellungen, die über den Kontext der Dissertation sowie der Konferenzpublikation hinausgehen, nämlich die Organisation der Innovation. Auch haben wir neue Interviews geführt, neues Material gesichtet und aktuelle Studien mit in die Analyse einbezogen.

Gordon Müller-Seitz widmet dieses *essential* seinem geschätzten Kollegen, Sparringspartner und Sternegastronomiekunden Hans Corsten. Andreas Braun widmet dieses *essential* seinem Cousin Christian Braun, der als Berater und Türöffner in die Sterneküche fungierte – und ganz nebenbei ein hervorragender Koch ist.

Schließlich möchten wir uns bei der für dieses *essential* zuständigen Programmleiterin, Dr. Isabella Hanser, und der Lektorin, Katharina Harsdorf, für ihre Unterstützung bedanken.

Berlin, Deutschland
Kaiserslauternm, Deutschland
im Mai 2017

Andreas Braun
Gordon Müller-Seitz

Inhaltsverzeichnis

Entwicklung und Relevanz der Sternegastronomie 1

Der Adventskalender hat für Deutschlands Spitzengastronomie ein Türchen: Einmal im Jahr veröffentlicht der **Guide Michelin – Ende November Anfang Dezember – in Buchform** seine **Bewertungen der Spitzenköche in Deutschland.** Das Urteil aus Karlsruhe, hier hat der Michelin Reiseverlag seinen Sitz, gilt nach wie vor als wichtigster Gradmesser für Chefköche und ihrer Restaurants (Fauchart und von Hippel 2008; Johnson et al. 2005; Lane 2014; Ottenbacher und Harrington 2008).

Der Guide Michelin wurde **ursprünglich für Autofahrer im Jahr 1900 entwickelt.** Autofahrer sollten durch die im Guide Michelin aufgelisteten Adressen informative Anregungen erhalten, welche Reparaturen und anderweitige Dienstleistungen sie je nach Region in Anspruch nehmen können. Ausgehend davon hat sich der Guide Michelin nach über einem Jahrhundert zu einem umfassenden Kompendium der Spitzenhotellerie und vor allem -gastronomie entwickelt (hier und im Folgenden s. Ottenbacher und Harrington 2008, 2009).

Als **Auszeichnungen** vergibt der Guide Michelin im Wesentlichen folgende **vier Kategorien: Bib Gourmands** liefern ein gutes Preis-Leistungs-Verhältnis und bilden die niedrigste Kategorie. Es folgen **ein bis drei Sterne** als Auszeichnungen. Ein Stern bedeutet, dass der Koch bzw. das Restaurant sehr gute Kochkunst anbietet, zwei Sterne verweisen auf eine exzellente Kochkunst und drei Sterne erhalten nur wenige Restaurants bzw. Spitzenköche, die es verstehen, außergewöhnliche Speisen zuzubereiten. Ein weiteres Symbol führte der Guide Michelin 2017 erstmals ein – den Michelin Teller. Die Auszeichnung steht für „eine Küche von guter Qualität" und wird ausgewählten Restaurants verliehen, die nicht mit Sternen oder einem Bib Gourmand ausgezeichnet sind.

Sowohl um den Bewertungsprozess als auch um die Bewertungskriterien ranken sich in der Branche unzählige Geschichten und Mythen – es handelt sich

© Springer Fachmedien Wiesbaden GmbH 2017
A. Braun und G. Müller-Seitz, *Innovationsmanagement in der Spitzengastronomie,* essentials, DOI 10.1007/978-3-658-18298-4_1

dabei um eine regelrechte ‚Gerüchteküche'. Ein **Blick hinter die Kulissen der Spitzenköche jenseits klassischer Domänen der Innovationsforschung und -praxis** erschien uns daher als reizvoll. Und so war die Idee zu einer Studie im Feld der Haute Cuisine geboren (Braun et al. 2017), die auf einem langjährigen Engagement im Feld der Spitzengastronomie fußt (s. auch Braun 2014): Wir wollten einen Teil dazu beitragen, die Gerüchteküche besser zu verstehen. Als Forscher aus dem Bereich des Innovationsmanagements sind wir naturgemäß daran interessiert, wie Neues entsteht. Und daher erschien uns dieser Untersuchungskontext als sehr sinnvoll, um im Sinne einer **Cross-Industry-Innovation** Anregungen für eher klassischere Kontexte des Innovationsmanagements zu erhalten. Wir sind der Überzeugung, dass die Erkenntnisse nicht nur unmittelbar für die Spitzengastronomie bzw. verwandte Akteure der Kreativbranche, wie etwa Autoren, Musiker, Mode- oder Produktdesigner, relevant sind, sondern auch wertvolle Anregungen für klassische Industrien liefern.

Ein Blick in die gegenwärtige Diskussion des Innovationsmanagements suggeriert, dass derzeit **‚offene Innovationsprozesse' unter dem Begriff Open Innovation hoch im Kurs** stehen (Chesbrough 2003; Corsten et al. 2016). Der Begriff Open Innovation zielt dabei auf den an der Verfolgung von Innovationen gerichteten Austausch eines Unternehmens mit anderen Organisationen oder Individuen außerhalb der eigenen Organisation ab. Bisherige wissenschaftliche Untersuchungen kommen zu dem Ergebnis, dass die Interaktion mit externen Organisationen, wie zum Beispiel Kunden, Lieferanten und Wettbewerber, das Innovationspotenzial von Unternehmen positiv beeinflusst. Es scheint jedoch einen optimalen Punkt zu geben, ab dem – mit zunehmender Zahl der externen Quellen – die Innovationsfähigkeit wieder sinkt (Talke et al. 2009). In der Wissenschaft wird dieses Phänomen als „umgedrehte U-Kurve" beschrieben und lässt sich – diese erneute Metapher können wir uns nicht verkneifen – alltagssprachlich mit der Redewendung „viele Köche verderben den Brei" am besten illustrieren.

Wenngleich jedoch bisweilen recht gut erforscht ist, wie große, forschungsintensive Unternehmungen, zum Beispiel in der Pharma- oder IT-Industrie (denken Sie etwa an Alphabet, Bayer, SAP oder Intel), **Open Innovation** nutzen können (Chesbrough 2003), herrscht dagegen **Unklarheit, wie dies bei kleineren, weniger forschungsintensiven Branchen und Unternehmungen,** die gleichwohl innovativ sein müssen, **aussehen könnte.** Ein Extrembeispiel stellen dahin gehend Köche der Spitzengastronomie dar. Deren Restaurants, verstanden als kleine Unternehmungen oder relativ eigenständige organisatorische Einheiten (Lane 2014), sind letztlich hochgradig vom Erfolg des Spitzenkochs abhängig (Horng und Hu 2008; Hotho und Champion 2011; Preston et al. 2009; Svejenova et al. 2007). Aber was macht den Erfolg in dieser Kreativbranche (Caves 2004; Moeran und Strandgaard Pedersen 2011) aus? Wie innovieren Spitzenköche?

Die Ergebnisse unserer Untersuchungen erlauben einen Einblick in die Welt der Spitzengastronomie und ihrer Innovationskraft und liefern teilweise überraschende Befunde. Weniger überraschend lässt sich dabei zunächst festhalten, dass sich die moderne Sternegastronomie durch einen hohen Grad an Kreativität und Innovation auszeichnet. Allerdings gilt dies nicht für alle Spitzenköche, wie wir im Folgenden noch erörtern werden. Dennoch steht in erster Linie stets der **einzelne Sternekoch als Ideengeber, Prozesstreiber und Ideenumsetzer im Zentrum des Entwicklungs- und Umsetzungsprozesses** neuer Gerichte und Menüs.

Um den Innovationsprozess bei Sterneköchen besser zu verstehen und schließlich Anregungen für die Managementpraxis und -forschung liefern zu können, ist das **weitere Vorgehen** wie folgt: im zweiten Kapitel erfolgt zunächst ein Resümee des State-of-the-Art hinsichtlich Studien zur Sternegastronomie (2.1). Im Anschluss fokussieren wir auf Erkenntnisse der Managementforschung und präsentieren Ergebnisse unserer eigenen Studie (2.2). Im dritten Kapitel stehen zwei gegensätzliche Best-Practice-Fallbeispiele im Mittelpunkt. Mit **Micha Schäfer von Nobelhart & Schmutzig** betrachten wir das Innovationsmanagement eines Shootingstars der Sternegastronomie. Im Gegensatz zu dem ‚jungen Wilden' Micha Schäfer gibt uns anschließend der Grandseigneur und ‚hot spot' (Aubke 2014) der deutschen Spitzengastronomie, **Harald Wohlfahrt von der Traube Tonbach,** Einblicke in das Innovationsgeschehen aus seiner Sicht.

Innovationsmanagement in der Sternegastronomie – eine managementorientierte Betrachtung

2

2.1 Interdisziplinäre Blickwinkel auf die Sternegastronomie

Studien im Bereich der **Soziologie** zielen darauf ab, ein besseres Verständnis der Rahmenbedingungen und Beziehungen des Felds der Sternegastronomie zu erlangen. Wandlungsprozesse im Bereich der Haute Cuisine werden daher dem Anliegen der Soziologie entsprechend nicht etwa auf Individuen zurückgeführt (wie es etwa zumeist in Studien der Psychologie porträtiert wird), sondern vielmehr auf **Beziehungsgeflechte und institutionelle Rahmenbedingungen.** So zeigen Rao et al. (2005) auf, wie etablierte Grenzziehungen in der Haute Cuisine erodierten. In ihrem Beitrag zeichnen die Autoren nach, wie dies vor dem Hintergrund der Nouvelle-Cuisine-Bewegung in Frankreich erfolgte, indem hochrangige kulinarische Entrepreneure (s. auch ähnlich Svejenova et al. 2010) Grenzen immer wieder aufweichen, indem sie mit etablierten (in diesem Fall: Gerichte-)Kategorien brechen.

So widmet sich beispielsweise Lane (2014) der Frage, inwiefern es dazu kam, dass bis in die 1970er Jahre die Gerichte in der Spitzengastronomie in Frankreich weitestgehend unverändert blieben. Es wurden per annum lediglich ein oder zwei neue Gerichte kreiert (Lane 2014 nach Pitte 1991). Dies änderte sich jedoch rapide in den **1970er Jahren** und Spitzenköche sahen sich zunehmend mit der **Herausforderung konfrontiert, immer häufiger immer innovativere Gerichte hervorzubringen.** Lane (2014, S. 137) macht dafür unterschiedliche Ereignisse verantwortlich, etwa die Internationalisierung, globale (soziale) Medien und die damit verbundene Sichtbarkeit und zunehmende Kritisierbarkeit von Sternerestaurants durch eine Nischenkundschaft, die sehr zahlungskräftig und global mobil ist, sowie der Wettbewerb zwischen dem Guide Michelin sowie dem Gault Millau. Überdies führt Lane die steigende Anzahl an wechselnden

© Springer Fachmedien Wiesbaden GmbH 2017
A. Braun und G. Müller-Seitz, *Innovationsmanagement in der Spitzengastronomie,* essentials, DOI 10.1007/978-3-658-18298-4_2

und vermeintlich zunehmend innovativeren Gerichten auf die über die Jahre hinweg zunehmende Anzahl an Restaurants zurück, die von den beiden Gastronomieführern ausgezeichnet wurden.

Das **Ausmaß der kulinarischen Innovationen** wird dabei sehr **heterogen wahrgenommen.** Grundsätzlich scheinen Spitzenköche interessanterweise laut Lane selbst eine eher konservative Wahrnehmung von sich zu haben. Wenige der von ihr befragten Spitzenköche gaben an, sich selbst als besonders innovativ wahrzunehmen, noch strebten sie explizit danach, als äußerst innovativ zu gelten.

Dies steht im Einklang mit den Beobachtungen von Leschziner (2007), die im Rahmen ihrer ethnografischen Erhebungen Spitzenköche in **New York und San Francisco** untersucht hat. Dabei zeigt sich, dass es deutliche **Unterschiede im Innovationsverhalten zwischen den Köchen beider Großstädte** gibt. So achten Köche in New York aufgrund der höheren Wettbewerbsintensität und generell soziokulturell auf Wettbewerb und ‚Show' ausgerichteten Umwelt in New York eher darauf, was ihre Konkurrenten anbieten. Dies führt dazu, dass ständig die eigenen Gerichte auch am Marktgeschehen orientiert werden und ein Austarieren zwischen eigener Originalität und Konformität erfolgt (s. auch Stierand und Lynch 2008). Dies steht im Einklang mit den Studien von Rao et al. (2003), die nahelegen, dass vielfach ein ‚Identitätswettbewerb' zu konstatieren ist. Demgegenüber charakterisiert Leschziner Küchenchefs in San Francisco als dem sozio-kulturellen Umfeld entsprechend eher als entspannter und weniger den neuesten Trends nacheifernd.

Beiträge aus dem Bereich der **Gastronomie sowie des Tourismus** widmen sich demgegenüber vorwiegend am **Dienstleistungsmanagement** orientierten Fragestellungen. Ein essenzieller Aspekt ist dabei die Fragestellung, **wie letztlich die Sterne durch den Guide Michelin vergeben werden** (Ottenbacher und Harrington 2007), da dies als wesentliches Qualitätskriterium über die Sichtbarkeit – und damit vermeintlich auch den Erfolg – von Spitzenköchen entscheiden kann (Johnson et al. 2005; Lane 2014). Hierbei wird angenommen, dass innovative Gerichte einen maßgeblichen Beitrag dazu liefern, sich vom Wettbewerb in der Wahrnehmung positiv abzuheben. Dies ist angesichts der steigenden Anzahl von mit Guide Michelin Sternen versehenen Chefköchen notwendig, um Wettbewerbsvorteile zu manifestieren (Ottenbacher und Harrington 2008).

Johnson et al. (2005) kommen in diesem Zusammenhang auf Basis von Interviews mit Spitzenköchen in Belgien, Frankreich, Großbritannien und der Schweiz zu dem Schluss, dass der Erhalt von Guide Michelin-Sternen u. a. auf das **Streben nach kulinarischer Exzellenz sowie die kulinarische Kunstfertigkeit** zurückzuführen ist. Allerdings konstatieren die Autoren auch, dass kulinarische Ausgefeiltheit nicht notwendigerweise mit finanziellem Erfolg korreliert, sprich **äußerst ausgefallene, innovative Gerichte garantieren keineswegs hohe Gewinne.** Einschränkend bleibt jedoch festzuhalten, dass – wie überall im Leben – Ausnahmen die Regel bestätigen: Das Beispiel von Ferran Adrià unterstreicht eindrucksvoll, dass kulinarische Extravaganz durchaus mit nachhaltigem finanziellen Erfolg korrelieren kann (Svejenova et al. 2010). Es sollte dabei jedoch berücksichtigt werden, dass ‚celebrity sells' (Pringle 2004), sprich dass dies nur ein Privileg darstellt, das wenigen Spitzenköchen vorbehalten ist.

Gelegentlich stehen auch die Gerichte selbst im Mittelpunkt. Hier ist etwa für einen Teil der Studien von Interesse, wie innovativ die Kombination an Zutaten ist (Messeni Petruzzelli und Savino 2015). Andere Studien wiederum setzen sich damit auseinander, was die **Schmackhaftigkeit von Gerichten** ausmacht. Klosse und seine Kollegen (2004) kommen zu dem Schluss, dass im überwiegenden Teil niederländischer Guide Michelin Restaurants beispielsweise folgende Aspekte berücksichtigt werden: bei Gerichten passen Name und Präsentation zu den Erwartungen der Gäste, der Geruch stimmt mit dem Gericht überein, es herrscht eine Balance der verwendeten Geschmackskomponenten vor, die zum jeweiligen Gericht passt, Umami (herzhafter Geschmack gilt gemeinhin als fünfte Qualität des Geschmackssinns; Yoshida 1998) ist vorhanden, ein angenehmes Mundgefühl von weichen sowie eher harten Essenszutaten und die verwendeten Geschmacksrichtungen sind möglichst reichhaltig.

2.2 Managementforschung und Sternegastronomie – passt das zusammen?

Kochen ist fraglos eine **Mischung aus Handwerk, Passion und Kunst.** Aber es umfasst nicht nur in der Spitzengastronomie auch die **klassischen Managementfunktionen Führung, Organisation und Strategie.** Und nicht zuletzt ist Kochen eine Frage der Innovation. Wie entstehen neue Gerichte und Menüs? Wer ist Quelle und Treiber der Kreationen? Diese Fragen sollen im Folgenden beantwortet werden. Nach einer Einführung in die, der Studie zugrunde liegende **Forschungsmethodik** werden **kulinarische Innovationen aus der Ergebnis- und Prozessperspektive** dargestellt.

2.2.1 Methodisches Vorgehen der Studie

Ziel der Studie ist es, das individuelle Innovationsverhalten von Köchen in der Spitzengastronomie zu untersuchen. Den Ausgangspunkt für die Untersuchung bildet der Guide Michelin 2012. Die Bewertungsskala reicht von einem bis zu drei Sternen, wobei drei Sterne die höchste Auszeichnung ist. Daneben werden noch Bib-Gourmands genannt, die unterhalb von einem Stern angesiedelt sind.

Für die diesem *essential* zugrunde liegende Untersuchung (Braun et al. 2017) wurden im Guide Michelin 2012 insgesamt 1481 Ein-, 242 Zwei- und 58 Drei-Sterne-Restaurants in 16 europäischen Ländern (Österreich, Belgien, Dänemark, Finnland, Frankreich, Deutschland, Großbritannien, Irland, Italien, Liechtenstein, Luxemburg, den Niederlanden, Spanien, Schweden, Norwegen und der Schweiz) identifiziert. Für ausgewählte Länder (Österreich, Dänemark, Finnland, Deutschland, Liechtenstein, Norwegen und die Schweiz) wurden zudem die Bib-Gourmand-Restaurants aufgenommen. Eine Internetrecherche grenzte die Zahl der Köche auf 2178 ein: Einige Köche führen mehrere im Guide Michelin nominierte Restaurants, andere haben ihre Restaurants seit der Nominierung geschlossen.

Die Untersuchung basiert auf einem Mixed-Method-Ansatz bestehend aus qualitativer und quantitativer Forschung (Bryman 2015). Das Forschungsdesign unterteilt sich in **vier Phasen:**

- Zunächst wurden in einer **explorativen Vorstudie** Interviews mit acht deutschen Spitzenköchen von ein bis drei Sterne sowie Bib-Gourmands durchgeführt, um zum einen den kulinarischen Innovationsprozess sowie die Interaktion mit internen und externen Quellen und zum anderen die Erfolgsfaktoren für Restaurants im Bereich der Sternegastronomie zu erfassen.
- Die Ergebnisse der Vorstudie bildeten den Ausgangspunkt für die **Entwicklung eines quantitativen Online-Fragebogens,** der an alle 2178 Köche verschickt wurde. 533 Köche nahmen an der Untersuchung teil, was einer Rücklaufquote von fast 25 % entspricht. Letztlich wurden 505 vollständig ausgefüllte Fragebögen in die statistische Untersuchung aufgenommen.
- Bereits während und im Anschluss an die quantitative Untersuchung wurden weitere **36 Interviews** mit Ein- bis Drei-Sterne-Köchen sowie Bib-Gourmands in Frankreich, Deutschland, Großbritannien, Italien, Spanien, Schweden und der Schweiz geführt, um die bisherigen qualitativen Erkenntnisse zu vertiefen und die quantitativen Ergebnisse zu untermauern.
- In einem letzten Schritt wurden im Oktober/November 2016 noch **Interviews mit Micha Schäfer (ein Stern) und Harald Wohlfahrt (drei Sterne)** geführt. Beide Köche wurden aufgrund ihrer besonderen Stellung in der Spitzengastronomie ausgewählt. Micha Schäfer ist bereits wenige Monate nach Eröffnung des Restaurants **„Nobelhart & Schmutzig" in Berlin** mit einem Stern ausgezeichnet worden und kann damit als eine Art **„Shooting-Star"** in der Branche bezeichnet werden. **Harald Wohlfahrt** hingegen verteidigt seit vier Jahrzehnten drei Sterne, was ihn zum einem **„Long-Runner"** in der Spitzengastronomie macht. Die Gespräche sind am Ende dieses *essentials* als autorisierte Wortlautinterviews abgedruckt.

2.2.2 Innovation und Innovationsprozess – vom Markt bis zum Mund

Klassischerweise lassen sich Innovationen aus **zwei Perspektiven** betrachten: als **Ergebnis eines Prozesses** oder als **Prozess** selbst (Corsten et al. 2016). Aus der **Ergebnisperspektive** stellt eine Innovation die erfolgreiche Einführung einer Erfindung in Form eines neuen Produkts oder einer neuen Dienstleistung auf dem Markt dar. Die **Prozessperspektive** beleuchtet die Entwicklung und Umsetzung einer Idee in ein Produkt oder eine Dienstleistung in einer Unternehmung. Diese zumeist in verschiedene aufeinanderfolgende Phasen unterteilten Ablaufmodelle werden gemeinhin als Innovationsprozess bezeichnet.

Beide Perspektiven können auf die **Sternegastronomie** angewendet werden:

Aus der **Ergebnisperspektive** (vgl. Abb. 2.1) spricht die Sternegastronomie von **kulinarischer Innovation.** Die Interviews zeigen, dass die Chefköche den Begriff auf zwei unterschiedlichen Ebenen – einer individuellen und einer branchenübergreifenden – verorten:

Auf der **individuellen Ebene** stellt eine kulinarische Innovation ein von einem Koch entwickeltes und von ihm beliebig reproduzierbares Gericht oder ganzes

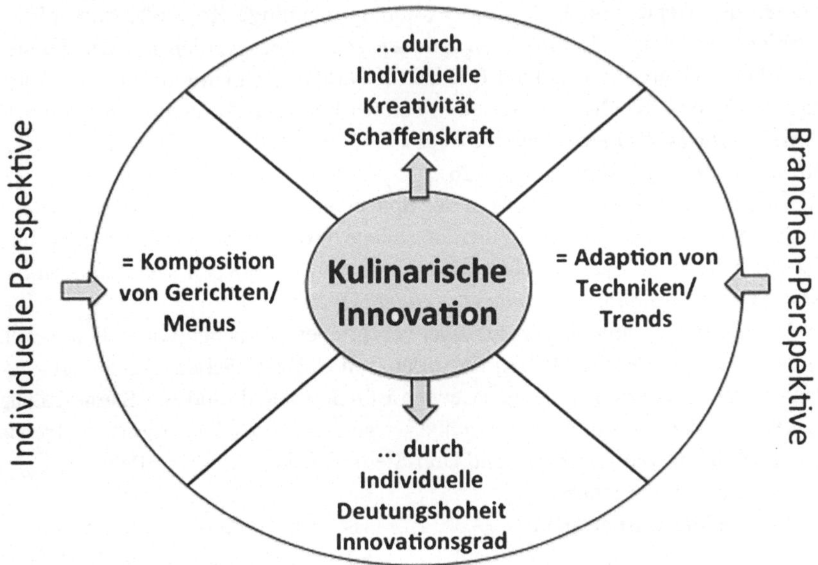

Abb. 2.1 Ergebnisperspektive

Menü dar, das dieser als Neuerung oder Verbesserung zu bestehenden Gerichten wahrnimmt und dem Gast zum Verzehr anbietet. Fast alle Köche stimmten dieser Definition zu. Lediglich zwei französische Köche, die wir interviewten, widersprachen der Definition. Einer nannte die Definition zu *„selbstzentriert"* (Interview 32, kurz I–32), der andere bezeichnete den Kunden als wichtigste Bezugsperson: *„Es ist der Gast, der das letzte Wort hat – niemand sonst"*(I–23).

Bezeichnend an dieser Definition für kulinarische Innovation, der die Mehrheit der Interviewpartner zustimmt, sind drei Punkte: Erstens steht der Chefkoch mit seiner **Kreativität und Schaffenskraft im Zentrum.** Zweitens liegt bei ihm (und nicht beim Gast) die **Deutungshoheit über den Innovationsgrad,** d. h. die wahrgenommene Neuartigkeit. Und drittens umfasst der Begriff kulinarische Innovationen nicht nur die Entwicklung einzelner Gerichte, sondern auch die **Neukomposition ganzer Menüs.** So bietet ein italienischer Chefkoch ein Menü *‚Tutto con le mani‘,* bei dem Gäste alle Gerichte mit den Fingern essen (I–3). Ein Zwei-Sterne-Koch bietet inzwischen ein ausschließlich vegetarisches Menü an: *„Das wäre vor einigen Jahren unvorstellbar gewesen"* (I–11).

Auf einer branchenübergreifenden Ebene bezeichnen kulinarische Innovationen **Trends oder Techniken,** die von einzelnen Vorreitern eingeführt und von der Sternegastronomie sukzessive übernommen bzw. adaptiert werden. In der Regel werden mit Trends und Techniken bestimmte, **neuartige Kochstile und -philosophien** bezeichnet, die **einzelnen Köchen** zugeordnet werden können. So stehen Michel Guérard sowie Paul Bocuse für **Nouvelle Cuisine** und Ferran Adrià für **Molekulare Küche.** So sagt einer der Köche: *„Die Jungs aus der Nouvelle Cuisine entwickelten etwas radikal Neues. Und später, 2005, 2006 machte Ferran Adrià wieder etwas Radikales"* (I–26).

Zu einem der neueren Trends in der Spitzengastronomie zählt der sogenannte **Regionalismus,** bei dem ausschließlich lokale Produkte verwendet werden und der René Redzepi zugeschrieben wird. Ein Drei-Sterne-Koch sagt: *„Innovation ist, wenn man regionale Produkte verwendet"* (I–29).

Die Interviews zeigen, dass die zwei beschriebenen Ebenen von kulinarischen Innovationen **unterschiedlichen Gruppen von Spitzenköchen** zugeordnet werden können: So beziehen die interviewten Bib-Gourmand- und Ein-Sterne-Köche den Begriff kulinarische Innovation überwiegend auf branchenspezifische Trends und Techniken, während Zwei- und Drei-Sterne-Köche damit vor allem ihre eigenen Kreationen bezeichnen.

Aus der **Prozessperspektive** (Abb. 2.2) lässt sich die Entstehung und Umsetzung kulinarischer Innovationen auf Basis der Interviews in ein aus **fünf Phasen** bestehendes, wiederkehrendes Ablaufmodell unterteilen, bestehend aus **1) Ideenphase, 2) Konzeptphase, 3) Bewertungsphase, 4) Trainingsphase und**

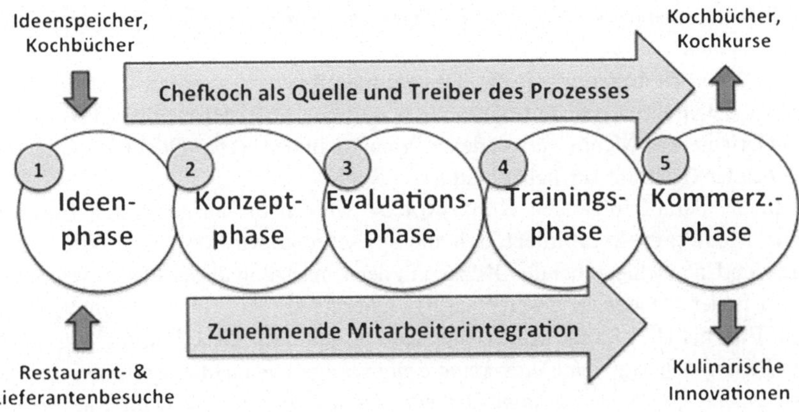

Abb. 2.2 Prozessperspektive

5) Kommerzialisierungsphase. Damit unterscheiden sich kulinarische auf einer abstrakten Ebene kaum von anderen Innovationsprozessen. Als **Ideengeber, Prozesstreiber und Ideenumsetzer** nimmt der Chefkoch dabei in allen Phasen eine wichtige Rolle ein. Ein Drei-Sterne-Koch erklärt dies so: *„Gäste kommen wegen meines persönlichen Stils und meiner Art zu kochen. Deshalb sind wir erfolgreich"* (I–36).

Im Folgenden werden die **fünf Phasen des kulinarischen Innovationsprozesses** beschrieben:

Die **Ideenphase** ist vor allem eine Inspirationsphase. Die Interviewauswertung zeigt, dass Sterneköche diese Phase fast ausschließlich allein, aber nicht zwangsläufig im ‚stillen Kämmerlein' durchführen (siehe dazu den nächsten Abschnitt). So sagt ein Sternekoch: *„Einer muss die Richtung vorgeben – und das bin ich"* (I–36). Fast alle Sterneköche verlassen sie sich auf **ihre eigene Intuition und ihre Kombinationsfähigkeit.** *„Die Haute Cuisine-Köche in Frankreich und auf der ganzen Welt – mich eingeschlossen – sehen sich als Motoren der Veränderung, als Agenten der Neuheit. Wir sind verpflichtet, unseren Gästen Neues und Überraschendes anzubieten"* (I–8).

Einer der interviewten Köche zieht sich regelmäßig in ein Kloster zurück, andere lassen sich durch Musik oder Kunst beeinflussen. Sterneköche erklären die Zurückhaltung, andere Köche in die Ideenphase aktiv zu integrieren, mit ihrem Ziel, einen persönlichen, unverwechselbaren Kochstil zu entwickeln und zu enthalten. Zu viele Köche würden in der Ideenphase buchstäblich den Brei verderben.

Bib-Gourmands beziehen ihre Kollegen dagegen stärker ein: *„Das ganze Team sitzt zusammen. Jeder wird involviert. Ansonsten wäre es für mich schwierig ein neues Menü zu kreieren"* (I–28). Das zentrale Auswahlkriterium für neue Ideen stellt die Jahreszeit dar. Auf diese Weise soll gewährleistet werden, dass die für die Gerichte und Menüs verwendeten Produkte in der besten Qualität und in ausreichender Quantität verfügbar sind.

In der darauf folgenden **Konzeptphase** werden die ausgewählten **Ideen in einer Menükarte kombiniert,** d. h. die Speisenfolge wird festgelegt. Wieder zeigen sich Unterschiede bei den Köchen in der Umsetzung dieser Phase. Wie schon zuvor in der Ideenphase besprechen Bib-Gourmands den Ablauf mit ihren Kollegen. Ein- bis Drei-Sterne-Köche hingegen führen auch diese Phase allein durch. Ein Sternekoch sagt: *„Ich mag keine Einmischung von meinen Kollegen, von den Leuten, mit denen ich zusammenarbeite. Ich denke, dass die Leute, die für uns arbeiten, von uns lernen wollen, nicht anders herum"* (I–3). Interessant ist, dass sowohl **die Ideen- als auch die Konzeptphase rein mentale Prozesse** sind, bei denen die Köche auf ihre Kombinationsfähigkeit vertrauen. Eine Art Experimentieren in der Küche findet nicht statt: „Sehr viel passiert in meinem Kopf, bevor wir auch nur in die Nähe der Küche kommen" (I–5).

Eine Art **Probekochen** findet erst **in der darauffolgenden Evaluationsphase** statt. In dieser Phase ist das gesamte Küchenpersonal involviert. Sterneköche mit einem oder mehreren Sternen absolvieren einen, manchmal mehrere praktische Probedurchläufe, bevor sie das Menü finalisieren. Ein Koch begründet dieses Vorgehen so: *„Probekochen ist ein Muss (…) Vor allem in der modernen, experimentellen Küche gibt es keinen Platz für Fehler"* (I–16). Bib-Gourmand-Köche führen dagegen kaum ein Probekochen durch. Sie erklären dies insbesondere mit der fehlenden Zeit. Stattdessen sprechen sie das Menü mit dem Küchenpersonal durch und unterweisen die Küchencrew in der praktischen Umsetzung: „Wir machen kein Probekochen; wir haben keinen Stern zu verlieren" (I–9).

In der **Trainingsphase,** die eng mit der Evaluationsphase verbunden ist, instruieren die Chefköche das Küchenpersonal in der Umsetzung der Menüs. Da die meisten Sterneköche bereits Probekochen in der Evaluationsphase durchgeführt haben, ist ein weiteres explizites Training nicht notwendig. Bib-Gourmand-Köche unterweisen dagegen die Küchencrew. Alle Köche integrieren das Servicepersonal in die Trainingsphase, um ihnen Informationen über das Menü zu geben: *„Das Servicepersonal wird von mir eingewiesen – was sie sagen und was sie über das Gericht wissen müssen"* (I–26).

Die **Kommerzialisierungsphase** beginnt mit dem Angebot des Menüs an den Gast und beendet den kulinarischen Innovationsprozess. Wieder gibt es Unterschiede, wie die Köche diese Phase umsetzen. Bib-Gourmands geben ihre Menüs direkt an die Kunden weiter: „Die Gäste sind die ersten Tester" (I–28). Die Mehrheit der Sterneköche führt Pre-Tests durch, beispielsweise indem sie den Gästen Auszüge des neuen Menüs zuerst als Amuse Gueules anbieten. Auf diese Art erhalten sie umgehendes Feedback zu neuen Gerichten.

Die Interviewanalyse zeigt, dass es vor allem zwischen Bib-Gourmand- und Sterneköchen Unterschiede 1) **in der Durchführung des Innovationsprozesses,** 2) **bei der Integration der Gäste und des Küchenpersonals** und 3) **in der Rolle des Chefkochs innerhalb des Prozesses** gibt. Außerdem scheint der Innovationsprozess klar getrennt zu sein in einen mentalen und einen praktischen Teil. Bib-Gourmand-Köche durchlaufen weite Teile des Prozesses mental, während Sterneköche nach der Ideen- und Konzeptphase direkt mit dem Testkochen beginnen.

Der **Open-Innovation-Ansatz** erweitert die Prozessperspektive, indem er nicht nur die internen Abläufe selbst, sondern auch die Interaktion mit **unternehmensexternen Quellen** als Erfolgsfaktor für die Entwicklung und Umsetzung einer Idee in ein Produkt oder eine Dienstleistung betont (Chesbrough 2003). Die Interviews zeigen, dass die Chefköche auf unterschiedliche externe Quellen zurückgreifen. Die wichtigste Inspiration in der Ideenphase stellt die Peer selbst dar, bestehend aus den Chefköchen anderer Restaurants und Produktlieferanten:

Zum einen lassen sich die Chefköche durch **Kochbücher** inspirieren. Einige Interviewte verfügen nach eigenen Angaben über eine Bibliothek mit Hunderten von Werken. So sagt ein Koch: *„Ich lese die ganze Zeit Kochbücher, um andere Köche, ihre Philosophie und ihre Art wie sie über Essen denken, zu verstehen. Das hilft mir, mich selbst zu verbessern (I–6)."* Zum anderen besuchen sie **Restaurants renommierter Kollegen.** Ein Chefkoch nimmt sich einmal im Jahr Zeit für eine zweiwöchige Tour durch Europas Spitzenrestaurants. Er sagt: *„Mittagessen in einem Restaurant, Abendessen in einem anderen – das kann anstrengend sein (I–9)."*

Alle interviewten Köche betonen dabei aber, dass die Ideen der anderen Köche lediglich als Inspiration dienen. Ein Ein-Sterne-Koch sagt: *„Ich würde lieber sterben, als einen Kollegen zu imitieren. Imitieren ist peinlich"* (I–19). Die reine Imitation eines Rezepts oder gar einer ganzen Menüfolge verletzt **eine Art ethischen Kodex** unter den Köchen und schadet der Reputation. Nicht alle halten sich an den Ehrenkodex, wie ein Chefkoch erleben musste, der bei einem Besuch eines Restaurants eine 100-prozentige Kopie seines Gerichts vorgesetzt bekam, das er Wochen zuvor in einer Zeitschrift veröffentlicht hatte: *„Teilweise fühlte ich mich geehrt, teilweise war ich verwirrt"* (I–33).

Zweitwichtigste Quelle sind **Produktlieferanten,** die Köche regelmäßig besuchen, um Informationen über bestehende und neue Produkte einzuholen.

„Lieferanten sind Partner, die man pflegen muss. Das ist so wichtig, wie die Mitarbeiter oder die Gäste zu pflegen" (I–14). Ein anderer Koch sagt: *„Ich erachte meine Bauern, Fischer und Schäfer, sie alle, als Teil meines Küchenteams. Sie sind ein wichtiger Teil meiner Organisation in meinem Restaurant"* (I–2). Zwei wichtige Gründe nennen die Chefköche für den engen Kontakt zu ihren wichtigsten Lieferanten: Zum einen stellen sie damit sicher, dass sie **Produkte in der besten Qualität und in ausreichender Quantität** bekommen. *„Einige meiner Lieferanten schmiere ich zwei oder drei Mal im Jahr mit einer guten Flasche Bordeaux, damit er mir den frischsten Fisch schickt, und den Rest an X oder Y"* (I–15). Zum anderen erhalten die Köche eine **Experteneinschätzung zur Verwendung bestimmter Produkte.** *„Nächste Woche werde ich in der Bourgogne meine vier Winzer besuchen, um mich über die Qualität und Quantität der letzten Ernte zu informieren, und um zu verstehen, wie der Wein in den nächsten drei, vier Jahren sein wird. Ich möchte in dieser Hinsicht keine böse Überraschung erleben"* (I–23).

Im Gegenzug nutzen die Chefköche verschiedene Kanäle, u. a. Kochbücher, Kochkurse sowie Radio- und Fernsehsendungen, um ihr Wissen weiterzugeben. Damit wollen sie zum einen **Reputation innerhalb der Community** aufbauen und zum anderen **Werbung für ihr Restaurant** machen. **Wichtigste Form der Wissensweitergabe sind Kochbücher.** So sagt ein Chefkoch: *„Es ist gut für das Geschäft wahrgenommen zu werden, es ist ein bisschen wie eine Marke aufzubauen"* (I–31). Fernsehköche sind hingegen weniger angesehen in der Community. Ein Koch sagt: *„Das hat nichts mit Kochen zu tun"* (I–9). Ein anderer Koch meint: *„Kochsendungen am Fernsehen – das ist absoluter Unsinn"* (I–15). Einen positiven Nebeneffekt scheint die zunehmende Präsenz von Fernsehköchen aber zu haben: Sie verändert die **Wahrnehmung von Köchen** und deren Arbeit. Ein Koch sagt: *„Als ich 15 Jahre alt war und mit meiner Ausbildung begonnen hatte, habe ich mich geschämt, Koch zu werden. Jetzt habe ich den Eindruck, Koch zu sein, ist ein angesehener Beruf"* (I–26).

Shootingstars und Long-Runners: Best-Practice-Fallbeispiele aus der Sternegastronomie

Die beiden Chefköche Micha Schäfer und Harald Wohlfahrt trennt einige Jahrzehnte Altersunterschied und damit auch Berufserfahrung. Gemeinsam ist ihnen die Passion für und die Perfektion beim Kochen. Für dieses *essential* haben wir die beiden Köche interviewt, um einen Einblick in ihr Innovationsmanagement, -verhalten und -geschehen zu bekommen.

3.1 Micha Schäfer (Nobelhart & Schmutzig) – der Shootingstar

Chefkoch Micha Schäfer und Sommelier Billy Wagner leiten das Restaurant „Nobelhart & Schmutzig" in Berlin-Kreuzberg. Im Frühjahr 2015 haben sie eröffnet, im Herbst 2015 wurden sie mit dem ersten Michelin-Stern ausgezeichnet. Damit zählen sie zu den Shootingstars in der Spitzengastronomie. Schäfers Dogma ist „brutal-lokal": Die Zutaten für seine Gerichte und Menüs kommen nur aus der Region. Das Interview mit Micha Schäfer wurde im Oktober 2016 geführt. Der Guide Michelin hat das Restaurant „Nobelhart & Schmutzig" auch 2017 mit einem Stern bewertet.

Überspitzt könnte man sagen: Gestern eröffnet, heute ein Stern. War das geplant?

Zu eröffnen? Ja! (lacht) Einen Stern zu bekommen? Nein!

© Springer Fachmedien Wiesbaden GmbH 2017
A. Braun und G. Müller-Seitz, *Innovationsmanagement in der Spitzengastronomie,* essentials, DOI 10.1007/978-3-658-18298-4_3

Kann man einen Stern planen oder erkochen?

Ich denke schon. Um ganz sicher einen Stern zu bekommen, hätte ich nur so kochen müssen, wie ich es in der Villa Merton in Frankfurt gelernt habe. Das habe ich aber nicht gemacht: Ich koche so, wie Billy und ich gern Essen gehen. Das heißt vor allem: Es muss handwerklich hervorragend gemacht sein. Und das ist schwierig genug.

Was hat sich durch den Stern verändert?

Der Stern ist natürlich gut für das Restaurant. Wobei: Wir waren vorher ausgebucht, wir sind weiterhin ausgebucht. Und er ist gut für das Standing als Koch. Mit einem Stern hat man eine Stimme – eher eine Stimme. Vielleicht hat es auch meinem Ego ein bisschen geholfen. Aber ich würde auch ohne Stern klar kommen. Gerade in Berlin gibt es viele Restaurants, die sehr gut kochen und sehr gut ausgebucht sind – auch ohne Auszeichnung. Den Stern aber wieder zu verlieren, wäre irgendwie blöd.

In der Spitzengastronomie gibt es echte Institutionen: Harald Wohlfahrt zum Beispiel kocht seit vielen Jahren auf höchstem Niveau. Was ist sein Geheimnis?

Er ist eine hervorragende Führungspersönlichkeit und ein hervorragender Koch. Er arbeitet handwerklich und qualitativ auf höchstem Niveau. Ich war dieses Jahr zum ersten Mal bei ihm essen. Das war sehr beeindruckend und eine wahnsinnige Zeitreise – im positiven Sinn – weil er sehr klassisch kocht und sehr klassisch eingerichtet ist.

Du giltst als „junger Wilder". Warum eigentlich?

Schwer zu sagen. Vielleicht wegen meines Alters. Ich bin 29 Jahre alt. Als ‚wild' würde ich mich aber nicht bezeichnen. Billy und ich treffen sicherlich Entscheidungen, die unorthodox sind, z. B. wie wir unser Restaurant einrichten, wie wir kochen oder wie wir uns vermarkten. Aber das hat nichts damit zu tun, dass wir rebellisch sein wollen. Das sind einfach logische Schlussfolgerungen daraus, wie wir wollen, dass unser Restaurant funktioniert, wie wir wollen, dass unser Essen ankommt, wie wir wollen, dass die Gäste ankommen.

Kannst du ein Beispiel geben?

Am Anfang haben sich zum Beispiel viele daran gestört, dass man bei uns klingeln muss, um in das Restaurant zu gelangen. Dahinter steckt eine Idee: Wir wollen uns die Zeit nehmen, unsere Gäste persönlich zu begrüßen. Und das machen wir jetzt so!

Außerdem arbeitet ihr in einer offenen Küche – auch nicht typisch für die Sternegastronomie. Ändert das die Art und Weise wie und was ihr kocht?

Als Koch verbringt man den Abend ganz anders, weil man mit den Gästen sozial interagiert und ein direktes Feedback bekommt. Man sieht den Gästen ja auch beim Essen zu. Und dann überlegt man sich genau, ob man ein Gericht noch einmal serviert, wenn es am Abend vorher nicht gut angekommen ist. Auf diese Weise entwickelt sich die Küche sehr viel schneller in eine positive Richtung. Weil ich ein schnelles Feedback bekomme. Außerdem kann ich das Tempo besser bestimmen. Ich sehe, welche Gäste lieber langsamer essen und welche schneller essen. Das ermöglicht ein differenzierteres Kochen in Bezug auf den Gast.

Wie wichtig ist das Thema Innovation – also neue Kreationen, neue Organisation, neue Produkte, neue Philosophie – in der Spitzengastronomie?

Sehr gute Frage. Es war und ist sehr wichtig, immer wieder etwas Neues zu machen. Aber ich bin mir ziemlich sicher, dass wir mittlerweile fast alles gesehen haben. Die Zeit der schnelllebigen Trends ist vorbei. Für die Köche meiner Generation geht es jetzt darum, die bestehenden Techniken und Produkte zu nutzen, um daraus etwas sehr, sehr Gutes zu machen. Das ist schwierig genug.

Das klingt eher nach Konsolidierung als nach Aufbruch.

Das meine ich nicht. Neues wird es immer wieder geben. Es wird nur weniger, und es geht nicht mehr so schnell. In den vergangenen 20 Jahren ist einfach unglaublich viel passiert. Es geht weniger darum, zu erhalten, sondern darum, das wieder zu lernen, was wir inzwischen vergessen haben.

Das heißt?

Die meisten Köche in meinem Umfeld haben noch nie ein ganzes Tier zerlegt, haben noch nie Käse hergestellt oder Wurst gemacht. Diese ganz grundlegenden, handwerklichen Tätigkeiten müssen wir wieder lernen, um damit das Kochen als solches zu perfektionieren. Mir geht es nicht um Spielereien, sondern um das grobe Handwerk. Deshalb holen wir regelmäßig Leute – zum Beispiel Metzger oder Gärtner – rein, die uns helfen, die Produkte in der Tiefe zu verstehen.

Du beschreibst deinen Kochstil, deine Philosophie als ‚brutal-regional'. Du schränkst dich bewusst ein, indem du in deiner Küche nur regionale Produkte verwendest.

In Deutschland gibt es vielleicht vier Köche, die ähnlich kochen wie ich. Aber keiner setzt den Ansatz im Augenblick so dogmatisch um wie ich. Ich mache das, weil es mir Spaß macht und weil ich dadurch kreativ funktioniere. Wenn ich mit allem kochen könnte, wäre ich deutlich weniger kreativ. Das bedeutet aber, dass ich mich viel tiefer mit den lokal verfügbaren Produkten auseinander setzen muss.

Woher nimmst du die Inspiration für neue Gerichte und Menüs?

Ich lasse mich sehr bewusst inspirieren. Ich habe vor vier Jahren oder so mal ein Buch gelesen von Malcolm Gladwell. Der schreibt, dass man sich sehr bewusst beeinflussen kann, mit den Leuten, mit denen man sich umgibt. So habe ich angefangen, mir das auch beim Kochen bewusst zu machen. Ich habe angefangen, nur noch die Bücher zu lesen, die ich interessant finde; nur noch in Restaurants gehe, die interessant sein könnten; mich mit den Leuten zu umgeben, die mir da helfen könnten. Das sind sowohl die Leute, mit denen ich arbeite, als auch die Kollegen aus Berlin, mit denen ich mich treffe oder rede. Das sind vor allem auch Produzenten, mit denen ich mich regelmäßig treffe, zu denen ich fahre oder die zu mir kommen.

Wie entwickelst du neue Gerichte und Menüs?

Da gibt es verschiedene Vorgehensweisen. Es gibt Sachen, die sind innerhalb einer halben Stunde fertig. Es gibt Sachen, die entstehen nur im Kopf und dann schmecken die. Und es gibt Sachen, an denen probiere ich einen Monat rum, dreimal die Woche und irgendwann schmeckt es dann oder auch nicht. Das ist ganz unterschiedlich. Aber ich habe inzwischen ein System, wie ich vorgehe, wenn ich gerade nicht irgendwie beflügelt bin.

Und wie sieht dieser Prozess aus?

Es fängt meist mit einem Produkt an und geht dann über die verschiedenen Geschmäcker und Konsistenzen und Ätherik und über die Wahrnehmung des Gerichtes, um das Gericht so zusammenzubauen, dass es schmeckt.

Micha Schäfer zeigt auf seinem Handy eine Liste.

Da gehe ich chronologisch vor. Ich bewerte: Temperatur, Garung, Textur, Geschmack, Fettsäure, Frische, Aroma, Geruch, Spitze, Schärfe, Zeitablauf der Geschmäcker und Spannung. Ich habe irgendwann herausgefunden: Wenn das vorhanden ist, schmeckt mir ein Gericht.

Vielen Dank für das Gespräch.

3.2   Harald Wohlfahrt (Traube Tonbach) – der Long-Runner

Harald Wohlfahrt leitet das Restaurant der Traube Tonbach seit 40 Jahren und gilt als Grandseigneur der Sternegastronomie in Deutschland. Knapp über die Hälfte der Dreisterneköche in Deutschland sind Schüler von Wohlfahrt, was seinen Status untermauert. Der Guide Michelin hat das Restaurant der Traube Tonbach seit Beginn der 1990er Jahre mit drei Sternen bewertet.

Ist es schwieriger die drei Sterne zu behalten oder zu bekommen?

Die Anstrengung drei Sterne zu erhalten war mit Sicherheit genauso aufreibend wie die Phase, wenn man tatsächlich dann die Anerkennung hat. Was kommt jetzt auf mich zu? Verändert sich das Publikum? Reicht das, was wir machen, dann tatsächlich auch dem anspruchsvolleren Publikum?

Ich vergleiche das immer gerne ein bisschen mit der Fußball-Bundesliga, wenn eine Zweitligamannschaft in die erste Liga aufsteigt. Man sieht es jetzt [in der Bundesliga-Saison 2016/2017; Anm. d. Verf.] an Leipzig. Die sind froh, dass sie sich halten können und über die Runden kommen, erst mal wie sie aufgestiegen sind und jetzt, die haben eine tolle Spitzentruppe, die jetzt im Prinzip ganz vorne mit spielt. Insofern heißt es erst mal bei drei Sternen ankommen und dann einfach mal sehen, wie sind die Gäste? Wie verändern sich die Gäste? Werden die anspruchsvoller, sind die mit dem, was geboten wird dann auch zufrieden? Und so gewinnt man natürlich dann im Laufe der Zeit auch Sicherheit, auch die Erfahrung, die man selber hat durch auch mal selber essen gehen und dann kommt man irgendwann da schon dran und setzt sich dann durch und ansonsten ist es wie bei der Bundesliga. Es ist eine alljährliche Bestandsaufnahme, wir werden jedes Jahr aufs Neue getestet und die Ansprüche gehen nicht zurück, sondern das entwickelt sich ja trotzdem alles weiter. Das heißt also: Drei Sterne zu bekommen heißt noch lange nicht, dass man dann sagt „so, jetzt kannst du dich zufrieden zurücklehnen" und sagen „toll, ich habe es ja jetzt geschafft!", sondern dann geht es eigentlich erst richtig los.

Und was genau spielt in der Sternegastronomie eine Rolle mit Blick auf die Innovationskraft, die Sie dann auch ständig bewerkstelligen müssen?

Es ist so, dass Innovation und Authentizität bei uns gerade jetzt gefragt ist, weil jeder Küchenchef auf dem Sterne-Level seine eigene Marke und seine eigene Handschrift dokumentieren sollte. Das ist auch der Grund, warum die Leute dann sagen „ach Mensch, das ist ja wirklich was Besonderes gewesen". Sei es nun, dass die Soßen überragend sind oder dass man besonders pfiffige Ideen hat oder dass man eine tolle Klassik an den Tag legt oder aber auch eine Avantgarde, eine Moderne hat, die den Restaurantbesuch einfach unvergleichlich machen kann. Der Gast soll sagen „Mensch, das war toll, das will ich irgendwann wieder haben". Denn wir sind hier ja nicht in einer Metropole, wie Paris oder London, wo wir von einmaligen Besuchern allein leben könnten, sondern wir müssen uns ja wirklich Stammgäste heranziehen, um dann auch nachhaltig am Markt bestehen zu können.

Sie gelten als ‚Institution'. Warum sind Sie so ein Vorbild für andere?

Zunächst kann man sagen: Am ersten April dieses Jahres [2016; Anm. d. Verf.] habe ich 40-jähriges Betriebsjubiläum gefeiert. Das heißt, ich bin in dem Unternehmen länger als die jetzige Eigentümerfamilie beschäftigt. Und das findet, wenn Sie 40 Jahre erfolgreich im gleichen Unternehmen sind, dann auch besondere Beachtung bei den Kollegen sowie bei den Medien. Und gerade Köche, das weiß man ja auch, haben relativ hohe Fluktuationsraten und dass sich ein Mensch irgendwie in einen Betrieb einbindet, der nicht der Eigentümer ist – ich bin ja Angestellter hier – und sich da tatsächlich so seine kleine Welt zurecht rückt und sich damit so viele Jahre identifiziert, das ist außergewöhnlich. Das zum einen und zum anderen muss man sagen, dass sehr viele Schüler Sterneküchen in der Republik haben. Das heißt, von den neun oder zehn Drei-Sterne-Küchen, die wir aktuell in Deutschland haben, waren sechs in der Traube Tonbach. Damit haben wir den Markt natürlich schon auch sehr stark beeindruckt und auch beeinflusst.

Wie bekommt man die Guide-Michelin-Sterne am ehesten?

Es gibt zwei Möglichkeiten, wenn ein junger Mann, sagen wir es so, ein gesundes Selbstbewusstsein hat, sich selbstständig macht und sagt „Mensch, ich müsste hier eigentlich in den Restaurantführern vertreten sein". Dann hat er zwei Möglichkeiten: Er kocht für seine Gäste und er überzeugt die Gäste, dass die den Stift in die Hand nehmen und dann die Redaktion anschreiben und sagen, „Hier, der Herr Müller in Obersdorf hat sich da vor vier Monaten selbstständig gemacht, da kann man fantastisch essen". Dann hat man die zweite Möglichkeit, dass man Gäste so ein bisschen sensibilisiert, dass die für Sie vielleicht auch nach außen gehen und die Gäste tun es oder wenn Sie selber tatsächlich mit dem Selbstbewusstsein da ran gehen und sagen „Ich müsste ja eigentlich überall vertreten sein".

Das heißt, Sie unterschreiben dafür einen Aufnahmebogen, dass man Sie testen soll und dass man Sie bewerten soll. Sie können z. B. sagen, dass Sie nicht benotet werden wollen, aber den Text schreiben die trotzdem, auch ohne Note unter Umständen. So ist das ja auch eine bestimmte Form von Pressefreiheit. Aber im Normalfall läuft das einfach so ab, dass sich die Kollegen, die dann aufgenommen werden wollen, selber mit dem Aufnahmebogen melden und in dem Moment wo die den Aufnahmebogen abschicken und unterschrieben haben, können sie damit rechnen, dass da irgendwann ein Tester kommt und eine Bestandsaufnahme macht und da sehen die ja relativ schnell, wo die Reise hingeht, ob das tatsächlich punkte-, sterne- und mützenverdächtig ist; das ist ja eine Aufgabe der Journalisten auf Gutes hinzuweisen, in dem Fall ist das Öffentlichkeitsarbeit, bei der dann einfach der Journalist und auch die Redaktion froh ist, wenn sie über was Neues berichten kann. Und dann nimmt das Fahrt auf und dann bewerten die Tester anonym, ob dann ein Restaurant, wie gesagt, Sterne, Mützen, Hauben oder was es alles gibt, eben bekommt.

Was zeichnet Ihren Führungsstil aus? Ich frage, da unserer Wahrnehmung nach in der Küche oftmals ein rauer Umgangston herrscht.

Sagen wir es so, wir sind ein Team. Ich glaube, dass ich einen sehr kooperativen Führungsstil pflege und im Normalfall hören Sie die Nadel fallen. Es wird also mit einer hohen Konzentration, mit einer hohen Professionalität gearbeitet, aber ich bin auch ein Mensch, der zuhören kann, wenn jemand Sorgen hat. Und ich kann helfen. Dann bin ich auch immer ein Ansprechpartner für die Mitarbeiter und schaffe da auch viel Vertrauen. Ich muss ja auch das Team pflegen und letztendlich sind Sie nur so gut wie der Letzte im Team und wenn Sie die Leute ärgern und die wollen Sie ärgern, die versalzen Ihnen Ihre Speisen oder, oder, oder …

Die können Sie ja nachher auch vorführen und Sie können nicht alles probieren, was Sie auf den Tellern umsetzen. Das ist einfach nicht machbar, das ist ein Wunschdenken. Wir sind ein Team von 14 ausgelernten Fachkräften und ich muss mich für jeden verbürgen, aber ich kann nicht alles kontrollieren, was die machen. Sie können nicht alles probieren, das ist einfach nicht drin. Daher zählt Vertrauen dazu, aber dafür hat man ja auch einen Stellvertreter, dafür hat man ja auch die einzelnen Postenchefs innerhalb des Teams mit denen man eng zusammenarbeitet und im Normalfall funktioniert das ja auch reibungslos und fantastisch.

Und welche Rolle spielen kulinarische Trends für Sie?

Grundsätzlich ist das so, man hat ja seinen Stil, man hat seine Richtung, für den einen die Gäste ja auch mögen und natürlich unterliegt das alles einer permanenten Entwicklung. Aber schauen Sie, eigentlich gibt es ja nichts ‚Neues‘ in engerem Sinne. Die Produkte, die uns die Natur zum Verzehr zur Verfügung stellt, die sind im Grunde genommen alle entdeckt. Die unterschiedlichen Jahreszeiten helfen uns dabei, immer einen sehr bunten und abwechslungsreichen Speiseplan erstellen zu können. Das sind im Frühjahr junge, wilde Kräuter; jetzt im Herbst hat man viel Wildbret und Pilze und alles was die Jahreszeiten so einem zu bieten haben. Und insofern ist das für mich ‚der Trend‘, wir müssen eigentlich unseren eigenen Trend machen. Und Rind ist Rind, Kalb ist Kalb, Reh ist Reh, Lamm ist Lamm und Perlhuhn ist Perlhuhn und Taube ist Taube und irgendwann haben Sie den Produktkatalog, den Sie erfassen können, den haben Sie intus und dann helfen, wie gesagt, die Jahreszeiten abwechslungsreich zu sein. Und dann kommt natürlich noch das Spiel mit den Aromen hinzu. Welche Garmethode oder welcher Umgang mit dem einzelnen Produkt, sei es Fisch, Meeresfrüchte, Krustentiere oder was auch immer, lässt jetzt das Grundprodukt am besten zur Geltung kommen. Das vergleiche ich immer so ein bisschen mit der Musik: Was haben wir alles für Musikstücke gehört? Es gibt die Noten, es gibt Viertelnoten, Achtelnoten, halbe Noten, ganze Noten, die unterschiedlichen Oktaven und da drin spielt sich die ganze Musik ab. Ja und so ist es im Prinzip mit der Kochkunst. Die Produkte stehen zur Verfügung, wir haben Zugriff und ein gutes Ausgangprodukt, das mit Aromen zu verbinden ist, um angenehme Streicheleinheiten für Mund und Gaumen zu schaffen, das macht eigentlich die Kochkunst aus!

Und wo, daran anschließend, kriegen Sie Ihre Ideen her?

Die eigene Entwicklung ist auf drei Säulen gebaut. Zum einen ist es, was Sie gerade sagen, mal bei Kollegen über den eigenen Tellerrand hinauszublicken; mal schauen, was andere machen. Die zweite Säule ist zeitgemäße Literatur, weil ja jeder, wenn er etwas publizieren lässt, den Zeitgeist ja in der Regel widerspiegelt. Zweitens kann man Neufindungen publizieren, für die man ja auch gelobt werden möchte. Die dritte Säule ist natürlich die eigene Schaffenskraft, die eigene Kreativität ausleben und da muss ich sagen, da waren wir bisher am besten beraten, weil das hat uns am weitesten getragen bisher und das hat uns auch von anderen abgenabelt.

Und wie findet dann dieser Kreationsprozess statt?

Sie sind natürlich als Chef gut beraten, wenn Sie auch versuchen, brachliegende Fähigkeiten der Mitarbeiter freizulegen und die dann eben zum Ganzen zusammen zu führen. Schauen Sie mal, das vergleiche ich an der Stelle immer so ein bisschen mit einem Orchester. Der Dirigent vorne, der muss die Mitarbeiter in Einklang bringen und der übt mit denen das Stück ein, dass das eben nach seiner Vorstellung so interpretiert wird, wie er es interpretiert haben möchte und so ist es im Grunde genommen in der Küche auch. Inspirieren tun Sie Märkte, inspirieren tun Sie die Produkte. Wissen Sie, wenn Sie auf den Markt gehen und Sie sehen da einfach tolle Steinpilze oder tolle Pfifferlinge oder dann schöne wilde Kräuter oder tolle Früchte, was auch immer. Da fangen Sie ja schon zu spielen an und zu jonglieren und ich sage dann immer an der Stelle oder wegen mir, wenn wir eine neue Karte machen, wenn wir versuchen neue Gerichte zu entwickeln, sage ich immer „Mensch, was haben wir bis zur Stunde gemacht, das wissen wir ja. Das ist ja auch auf den Speisekarten dokumentiert". Also muss man über Dinge nachdenken, die man noch nicht gemacht hat und das ist die Herausforderung. Ich habe jetzt dieses Jahr, zum Beispiel, mein 36. Silvestermenü hier in der Schwarzwaldstube kreiert. Es hat sich noch nie ein Menü wiederholt. Es gab immer die Herausforderung, dass ich dann an Silvester immer so ein „Best of" aus dem Jahr gemacht habe, mit Gerichten, die die Gäste bis dahin noch nie hatten bei uns.

Aber das ist ein persönlicher Anspruch. Ich kenne andere Restaurants in Metropolen, die haben zwölf oder 15 Gerichte und mit denen machen die ihr Geschäft, aber die sind so perfekt oder die können vom Einmalbesucher leben oder – wenn das Menü besonders toll war – meinetwegen von Zweimalbesuchern leben und wenn man dann sieht, dass es beim zweiten Mal das Gleiche gibt wie beim ersten Mal, dann sage ich „O.k., jetzt hast du [Kundin/Kunde; Anm. d. Verf.] es gesehen, da brauchst du nicht mehr hin, ein drittes Mal brauchst du jetzt nicht nochmal das gleiche Essen". So und dann suchen wir einfach wieder was Neues.

Ein Wort noch zu den ‚jungen Wilden' der Szene, die Sie auch hervorgebracht haben. Wie empfinden Sie die? Haben Sie Angst vor denen oder Respekt? Wie ist das Miteinander?

In unserer Branche gibt es alljährlich eine Veranstaltung in Köln. Da sind unterschiedliche Köche auf einem Podium und führen dann demonstrativ neue Gerichte vor, wo dann eben auch viele Kollegen im Saal sitzen und sich solche Vorträge dann anschauen, solche Plattformen gibt es. Und natürlich habe ich vor jedem Respekt, der in der Spitze arbeiten möchte. Was für Anstrengungen das dauerhaft mit sich bringt, das kann Ihnen wahrscheinlich niemand besser erklären als ich. Und die Jugend sucht Aufbruchstimmung und will Veränderung und will durch die Veränderung auf sich aufmerksam machen. Das ist auch gut so, sonst hätten wir ja keine Entwicklung mehr.

Und die Kölner Messe zieht auch jeden an? Quasi wie die EXPO in Hannover?

Ich vergleiche Gastronomie auch immer so ein bisschen mit dem Automobil. Wenn Sie 100 Jahre zurückdrehen und sich fragen, wie damals das Automobil ausgesehen hat, hatte es vier Reifen, es hatte ein Lenkrad, es hatte Bremsen und ist gefahren. Und überlegen Sie mal: Ich sehe immer ein Automobil. Wenn Sie es heute sehen, hat es immer noch vier Reifen, aber was heute alles in so einem Automobil drin steckt, ist es nicht nur neueste Technik, sondern auch der ganze Zeitgeist. Und so ist das im Prinzip ein großartiges Restaurant gleichermaßen. Alle sehen also die angenehmen Dinge, die man im Sinne des Gastes oder im Sinne der Küche verbessern kann; sei es nun heute im Umgang mit Temperaturen oder die Sichtweise wie Küchen sind. Das heißt, ich schenke einer wilden Brunnenkresse oder einer frischen Meerrettichwurzel die gleiche Aufmerksamkeit wie einem weißen Trüffel oder einem Kaviar oder einem wilden Steinbutt oder sonstigen Produkten. Es geht alles gleichberechtigt an den Start und ausgehend von dem muss ich meinen eigenen Spirit, meine eigene Inspiration haben und dann die Dinge einfach umsetzen, so wie sie mich bewegen.

Recht herzlichen Dank, dass Sie sich Zeit genommen haben.

Blicke über den Tellerrand des klassischen Innovationsmanagements – Erkenntnisse aus der Spitzengastronomie für das Innovationsmanagement

Was lässt sich nun von dem Innovationsverhalten von Küchenchefs der Sternegastronomie für andere Kontexte konkret schlussfolgern? Was sind die ‚Lessons learned'?

Im Wesentlichen lassen sich die Ergebnisse in den folgenden fünf Leitgedanken festhalten, die auf der Summe unserer Erfahrungen und Erhebungen basieren.

4.1 Viele Köche verderben nicht immer den Brei

Hinsichtlich der Frage, wie offen Innovationsprozesse mit Blick auf den Austausch mit Kunden, Lieferanten, Lead-Usern etc. sein sollten gibt es widersprüchliche Ergebnisse in der Literatur (für Übersichtsdarstellungen zu unterschiedlichen Positionen s. exemplarisch die Darstellungen bei Cheng, Huizingh 2014; Corsten et al. 2016; Dahlander und Gann 2010; Huizingh 2011). Basierend auf unseren Ergebnissen kommen wir zu dem Entschluss, dass die **Öffnung des kulinarischen Innovationsprozesses nicht zwangsläufig vorteilhaft** sein muss.

Für Chefköche und Innovationsmanager hat dies folgende Konsequenz (Braun et al. 2017): entweder sollten sie sehr stark auf ihre eigene Kreativität vertrauen oder umgekehrt sich sehr stark mit Lieferanten, Gästen und anderen Köchen austauschen sollten. Diese Ergebnisse sind nicht nur aus wissenschaftlicher Sicht interessant, da sie der bisherigen Annahme einer umgedrehten U-Kurve à la „viele Küche verderben den Brei" vollständig widersprechen. Vielmehr legen sie nahe, dass individuelle Open Innovation bei Sterneköchen und Open Innovation bei Organisationen unterschiedlich verlaufen können. **Viele Köche verderben also nicht immer den Brei.**

© Springer Fachmedien Wiesbaden GmbH 2017
A. Braun und G. Müller-Seitz, *Innovationsmanagement in der Spitzengastronomie,* essentials, DOI 10.1007/978-3-658-18298-4_4

4.2   Inspiration, aber nicht Imitation

Auf der Suche nach Ideen lassen sich Chefköche gern durch andere Chefköche oder auch gewöhnliche Köche inspirieren. Ähnlich wie von Fauchart und von Hippel beobachtet (2008) scheint es jedoch offenbar in der Sternegastronomie einen **Ehrenkodex** zu geben: So ist das Adaptieren erlaubt, die bloße Imitation jedoch verboten. Das Gericht oder gar Menü eines anderen Kochs schlichtweg ohne Änderungen zu übernehmen, gilt als informeller Regelverstoß.

Interessanterweise sind die Chefköche in der Wahl ihrer Inspirationsquellen sehr wählerisch. **Nicht jedes Restaurant** kommt als **Inspirationsquelle** infrage. Vielmehr lassen sich informelle Ranglisten innerhalb der Sterneköche-Landschaft identifizieren. So gaben deutsche Küchenchefs wiederholt an, dass sie im Vergleich zu den Urteilen des Guide Michelin teilweise eine andere Wahrnehmung der Qualität und Innovationskraft haben.

4.3   Innovation – eine Stilfrage

Im klassischen Innovationsmanagement spielt im Laufe des Entwicklungsprozesses mit zunehmender Marktreife von zu entwickelnden Produkten das Urteil der Nutzer die zentrale Rolle. Dies lässt sich überraschenderweise nicht in gleicher Form für Sterneköche und deren Innovationsprozess festhalten. So scheinen **Gäste und Kritiker im Innovationsprozess lediglich eine untergeordnete Rolle** zu spielen, was wir in erster Linie bei Zwei- und Drei-Sterne-Köchen beobachten konnten.

Ursächlich hierfür scheint das **Streben nach der Herausbildung eines individuellen Stils** zu sein. Radikal, aber nicht atypisch, ist in diesem Zusammenhang die Argumentation eines Drei-Sterne-Kochs aus Frankreich, der sich jegliche Einmischung bezüglich Anregungen von außen mit dem Hinweis verbat, dass er am besten wissen würde, was tatsächlich gut schmecke und gleichsam innovativ sei.

4.4   Extravagant, aber nicht exaltiert

Als eine zentrale Herausforderung für Sterneköche ließ sich **das Austarieren von eigener Schaffenskraft und dem Geschmack der Kundschaft** identifizieren. Diese Beobachtung ließ sich über die Interviews mit Chefköchen hinweg festhalten und steht auch im Einklang mit der wissenschaftlichen Literatur zu dieser Thematik (exemplarisch: Lane 2014). Dies hat zur Folge, dass – allen Bemühungen einen eigenen Stil zu entwickeln zum Trotz – die Gäste weder gelangweilt noch geschockt werden sollten.

Laut der Einschätzung der Sterneköche gibt es immer wieder **Kollegen,** die ihre Kundschaft aus reiner **Effekthascherei schockieren.** So haben lebende, mit Zitronengras gefütterte Ameisen – die Kreation eines dänischen Kochs – auf dem Teller der Kundschaft nichts zu suchen.

4.5 Öffnung offener Innovationsprozesse

Grundsätzlich **geben Chefköche ihr Wissen und Anregungen nach eigenem Bekunden recht freimütig weiter.** Dies kann auf völlig unterschiedliche Art und Weise geschehen und den eigenen Stil weiter bekannt machen, letztlich das Markenimage stärken: denkbare Formate sind dabei Kochbücher oder auch Radio- und Fernsehauftritte.

Allerdings handelt es sich dabei eher um Ausnahmen. Dies lässt sich darauf zurückführen, dass im Metier oftmals die **Ernsthaftigkeit der „TV-Köche"** **stark angezweifelt** wird. Einen positiven Nebeneffekt hat die zunehmende Zahl von Kochsendungen jedoch für die Branche insgesamt: Der Beruf des Kochs hat in der öffentlichen Wahrnehmung im Zeitablauf einen zunehmend höheren Stellenwert eingenommen.

Wie die Anregungen gezeigt haben, sind die Innovationsstrategien und organisatorischen Abläufe bei Sterneköchen nicht notwendigerweise gänzlich anders als im Fall von profitorientierten Unternehmungen. Allerdings scheinen Chefköche als Vertreter der Kreativwirtschaft (Caves 2000; Lane 2014) dennoch immer wieder eher dazu geneigt zu sein – und dies mit Erfolg – nach **Selbstverwirklichung im Maslow'schen Sinne** zu streben (Maslow 1943). Dies manifestiert sich u.a. in dem Streben nach Unabhängigkeit vom Urteil der Kundschaft oder den Beurteilungen des Guide Michelin. Mit Blick auf die Kundschaft und das **Herausbilden einer eigenen Marke** scheint dies auch auf den ersten Blick plausibel zu sein. Denn die Kreativität lässt sich sicherlich nur eingeschränkt an die sich immer häufiger und stetig kurzfristiger wandelnden Bedürfnissen der Kundschaft anpassen.

Literatur

Aubke, F. (2014). Creative hot spots: A network analysis of German Michelin-starred chefs. *Creativitiy and Innovation Management, 23*(1), 3–14.

Braun, A. (2014). *Open innovation – An analysis of the individual level.* dissertation, Universität Potsdam, Potsdam.

Braun, A., Ihl, C., & Müller-Seitz, G. (2017). The mixed blessing of openness in creative industries. Arbeitspapier.

Bryman, A. (2015). *Social research methods* (5. Aufl.). Oxford: Oxford University Press.

Caves, R. E. (2000). *Creative industries. Contracts between art and commerce.* Cambridge: Harvard University Press.

Cheng, C. C. J., & Huizingh, E. K. R. E. (2014). When is open innovation beneficial? The role of strategic orientation. *Journal of Product Innovation Management, 31*(6), 1235–1253.

Chesbrough, H. (2003). *Open innovation. The new imperative for creating and profiting from technology.* Boston: Harvard Business School Press.

Corsten, H., Gössinger, R., Müller-Seitz, G., & Schneider, H. (2016). *Grundlagen des Technologie- und Innovationsmanagement.* München: Vahlen.

Dahlander, L., & Gann, D. M. (2010). How open is innovation? *Research Policy, 39*(6), 699–709.

Fauchert, E., & Hippel, E. von. (2008). Norms-based intellectual property systems: The case of French chefs. *Organization Science, 19*(2), 187–201.

Horng, J.-S., & Hu, M.-L. (2008). The mystery in the kitchen: Culinary creativity. *Creativity Research Journal, 20*(2), 221–230.

Hotho, S., & Champion, K. (2011). Small businesses in the new creative industries: Innovation as a people management challenge. *Management Decision, 49*(1), 29–54.

Huizingh, E. K. R. E. (2011). Open innovation: State of the art and future perspectives. *Technovation, 31*(1), 2–9.

Johnson, C., Surlemont, B., Nicod, P., & Revaz, F. (2005). Behind the stars: A concise typology of Michelin restaurants in Europe. *Cornell Hotel Restaurant Administration Quarterly, 46*(2), 170–187.

Klosse, P. R., Riga, J., Cramwinckel, A. B., & Saris, W. H. M. (2004). The formulation and evaluation of culinary success factors (CSFs) that determine the palatability of food. *Food Service Technology, 4*(3), 107–115.

© Springer Fachmedien Wiesbaden GmbH 2017

A. Braun und G. Müller-Seitz, *Innovationsmanagement in der Spitzengastronomie,* essentials, DOI 10.1007/978-3-658-18298-4

Lane, C. (2014). *The cultivation of taste. Chefs and the organization of fine dining*. Oxford: Oxford University Press.

Leschziner, V. (2007). Kitchen stories: Patterns of recognition in contemporary haute cuisine. *Sociological Forum, 22*(1), 77–101.

Maslow, A. (1943). A theory of human motivation. *Psychological Review, 50*(4), 370–396.

Moeran, B., & Pedersen, J. S. (2011). *Negotiating values in the creative industries: Fairs, festivals and competitive events*. Cambridge: Cambridge University Press.

Ottenbacher, M. C., & Harrington, R. J. (2008). U.S. and German culinary innovation processes: Differences in involvement and other factors. *Journal of Foodservice Business Research, 11*(4), 412–438.

Ottenbacher, M. C., & Harrington, R. J. (2009). Institutional, cultural and contextual factors: Potential drivers of the culinary innovation process. *Tourism and Hospitality Research, 9*(3), 235–249.

Petruzzelli, A. M., & Savino, T. (2015). Reinterpreting tradition to innovate: The case of Italian haute cuisine. *Industry and Innovation, 22*(8), 677–702.

Pitte, J.-R. (1991). *Gastronomie franfaise. Histoire et geographie d'une passion*. Paris: Fayard.

Preston, P., Kerr, A., & Cawley, A. (2009). Innovation and knowledge in the digital media sector – An information economy approach. *Information, Communication & Society, 12*(7), 994–1014.

Pringle, H. (2004). *Celebrity sells*. London: Wiley.

Rao, H., Monin, P., & Durand, R. (2003). Institutional change in toque ville: Nouvelle cuisine as an identity movement in French gastronomy. *American Journal of Sociology, 108*(4), 795–843.

Rao, H., Monin, P., & Durand, R. (2005). Border crossing: Bricolage and the erosion of categorial boundaries in French gastronomy. *Americal Sociological Review, 70*(6), 968–991.

Stierand, M., & Lynch, P. (2008). The art of creating culinary innovations. *Tourism and Hospitality Research, 8*(4), 337–350.

Svejenova, S., Mazza, C., & Planellas, M. (2007). Cooking up change in haute cuisine: Ferran Adrià as an institutional entrepreneur. *Journal of Organizational Behavior, 28*(5), 539–561.

Svejenova, S., Planellas, M., & Vives, L. (2010). An individual business model in the making: A chef's quest for creative freedom. *Long Range Planning, 43*(2/3), 408–430.

Talke, K., Salomo, S., Wieringa, J. E., & Lutz, A. (2009). What about design newness? Investigating the relevance of a neglected dimension of product innovativeness. *Journal of Product Innovation Management, 26*(6), 601–615.

Yoshida, Y. (1998). Umami taste and traditional seasonings. *Food Reviews International, 14*(2/3), 213–247.